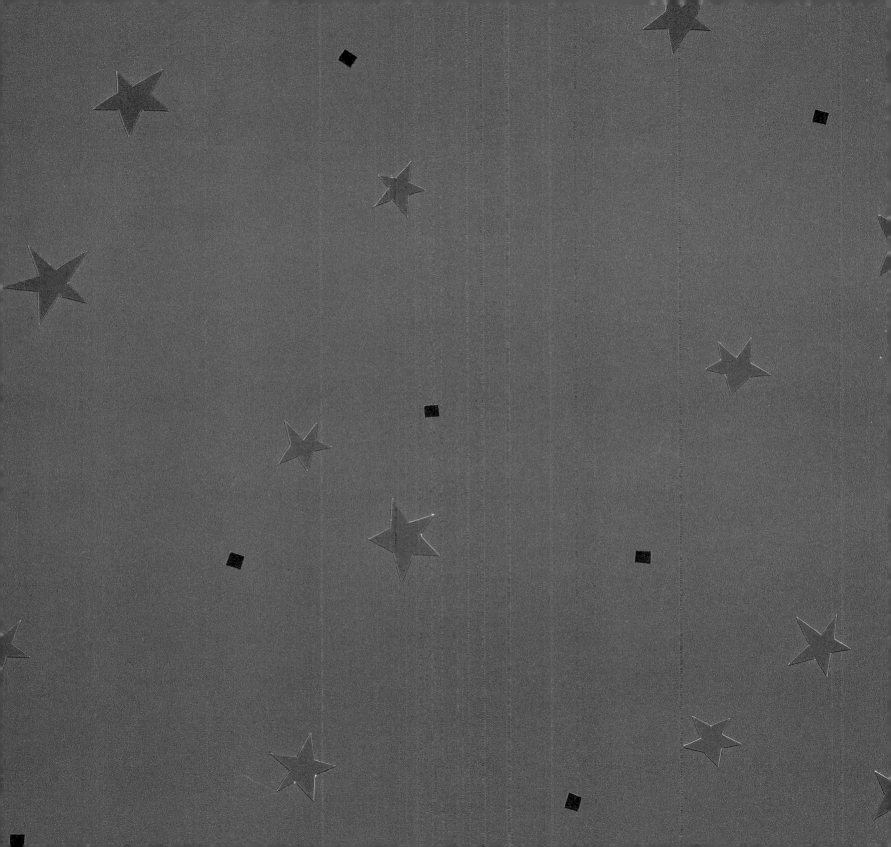

Other books by Rebecca Emberley

LET'S GO/VAMOS
MY HOUSE/MI CASA
TAKING A WALK/CAMINANDO
THREE: AN EMBERLEY FAMILY SCRAPBOOK
MY MOTHER'S SECRET LIFE
THREE COOL KIDS

First Paperback Edition

Spanish translations by Alicia Marquis

Library of Congress Cataloging-in-Publication Data

Emberley, Rebecca.
    My day : a book in two languages = Mi día : un libro en dos lenguas / Rebecca Emberley. — 1st ed.
        p.   cm.
    Summary: Captioned illustrations and text in English and Spanish describe activities in a child's daily routine.
    ISBN 0-316-23450-8 (hc)   ISBN 0-316-22983-0 (pb)

    1. Picture dictionaries, Spanish. 2. Picture dictionaries, English. 3. Spanish language — Glossaries, vocabularies, etc.
4. English language — Glossaries, vocabularies, etc. [1. Vocabulary. 2. Spanish language materials — Bilingual.]
I. Title. II. Title: Mi día.
PC4629.E46   1993
463'.21 — dc20   92-37277

10 9 8 7 6 5 4 3 (hc)
10 9 8 7 6 5 4 3 2   (pb)

WOR

Printed in the United States of America

My Day

Mi Día

Rebecca Emberley

Little, Brown and Company
BOSTON NEW YORK LONDON

It's one o'clock.
Es la una.

It's two o'clock.
Son las dos.

It's three o'clock.
Son las tres.

It's four o'clock.
Son las cuatro.

It's five o'clock.
Son las cinco.

It's six o'clock.
Son las seis.

It's seven o'clock.
Son las siete.

It's eight o'clock.
Son las ocho.

It's nine o'clock.
Son las nueve.

It's ten o'clock.
Son las diez.

It's eleven o'clock.
Son las once.

It's twelve o'clock.
Son las doce.

It's ten o'clock.
Son las diez.

It's ten-fifteen.
Son las diez y cuarto.

It's ten-thirty.
Son las diez y media.

noon
el mediodía

midnight
la medianoche

in the morning
en la mañana

in the afternoon
en la tarde

in the evening
en la noche

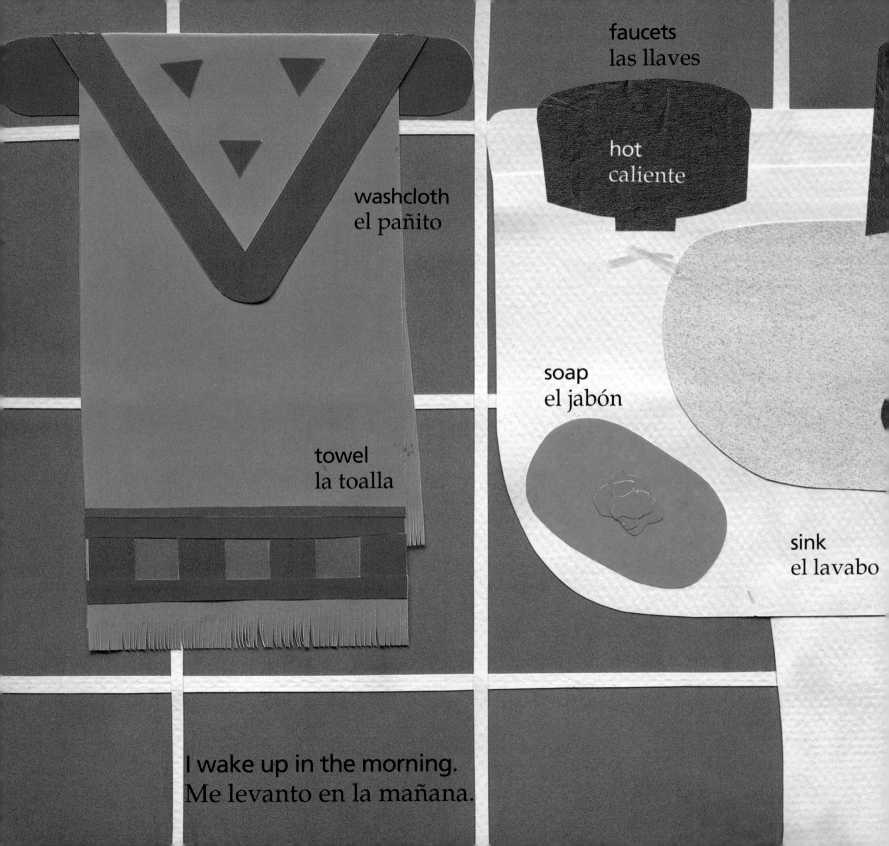

faucets
las llaves

hot
caliente

washcloth
el pañito

soap
el jabón

towel
la toalla

sink
el lavabo

I wake up in the morning.
Me levanto en la mañana.

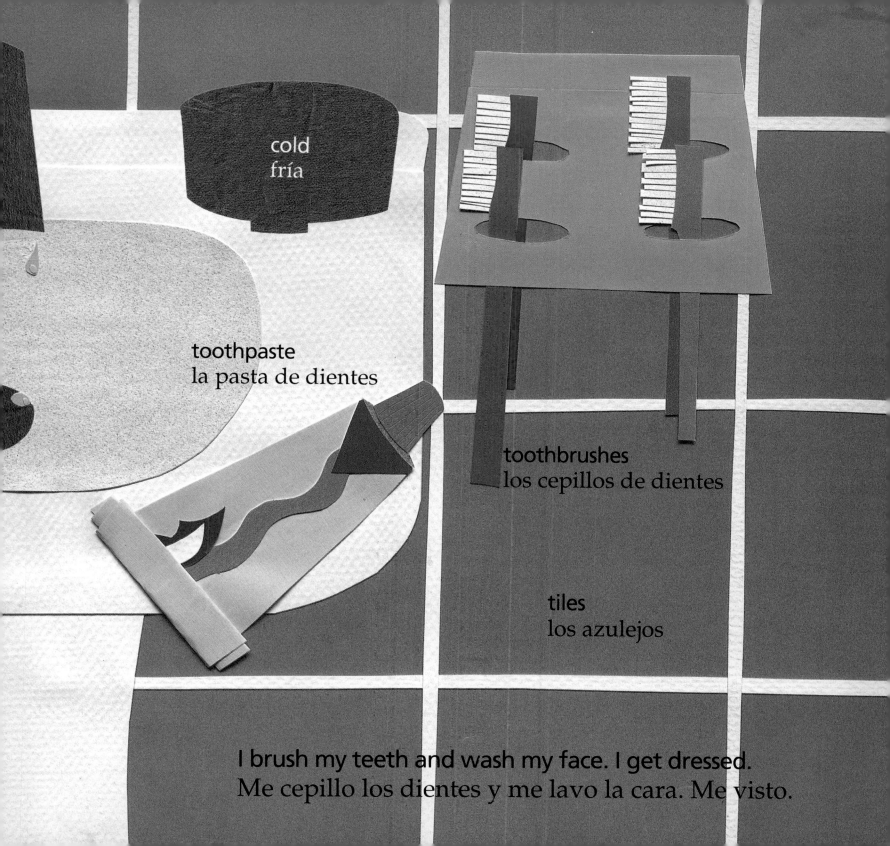

cold
fría

toothpaste
la pasta de dientes

toothbrushes
los cepillos de dientes

tiles
los azulejos

I brush my teeth and wash my face. I get dressed.
Me cepillo los dientes y me lavo la cara. Me visto.

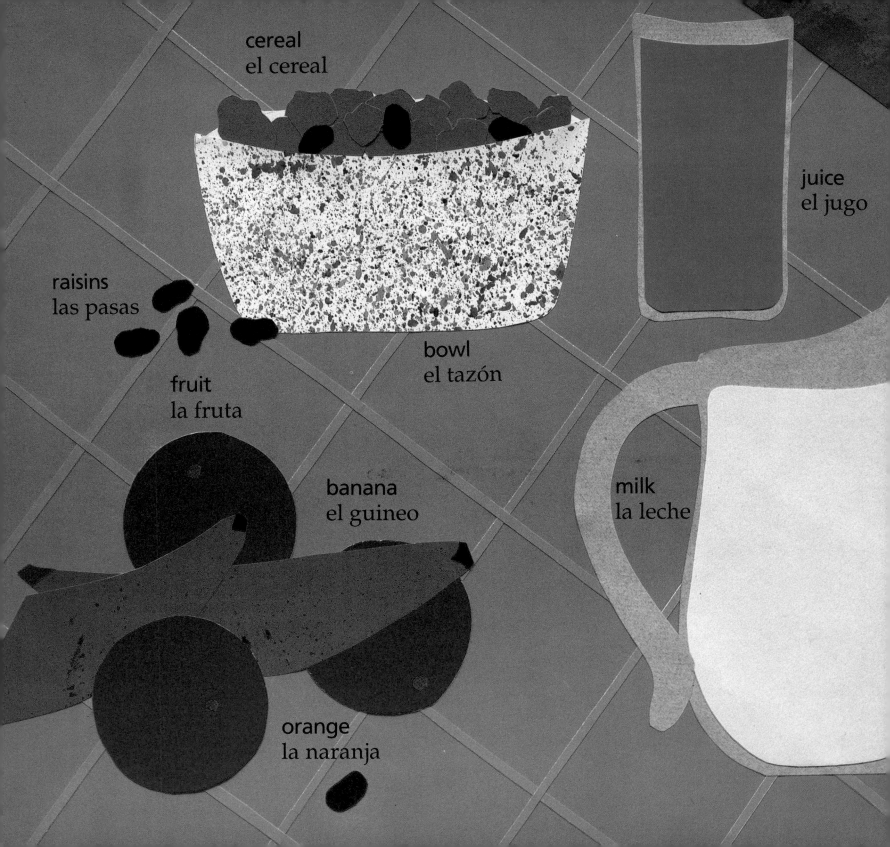

cereal
el cereal

juice
el jugo

raisins
las pasas

bowl
el tazón

fruit
la fruta

banana
el guineo

milk
la leche

orange
la naranja

I have breakfast with my family. Then I make my lunch.
Tomo el desayuno con mi familia. Luego me preparo el almuerzo.

bread
el pan

peanut butter
la mantequilla de maní

jam
la confitura

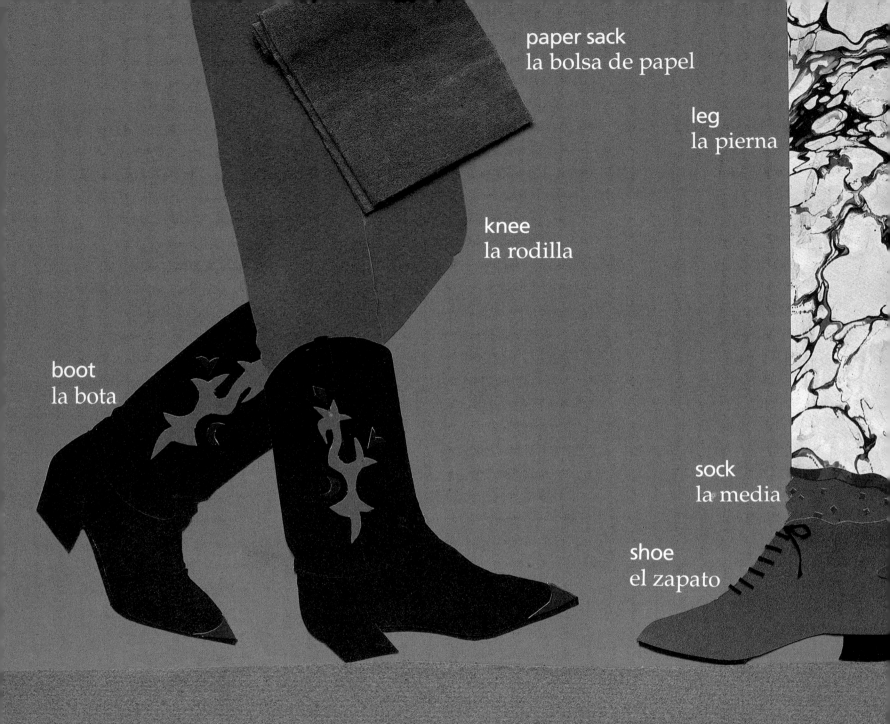

paper sack
la bolsa de papel

leg
la pierna

knee
la rodilla

boot
la bota

sock
la media

shoe
el zapato

I walk to school with my friends.
Camino a la escuela con mis amigos.

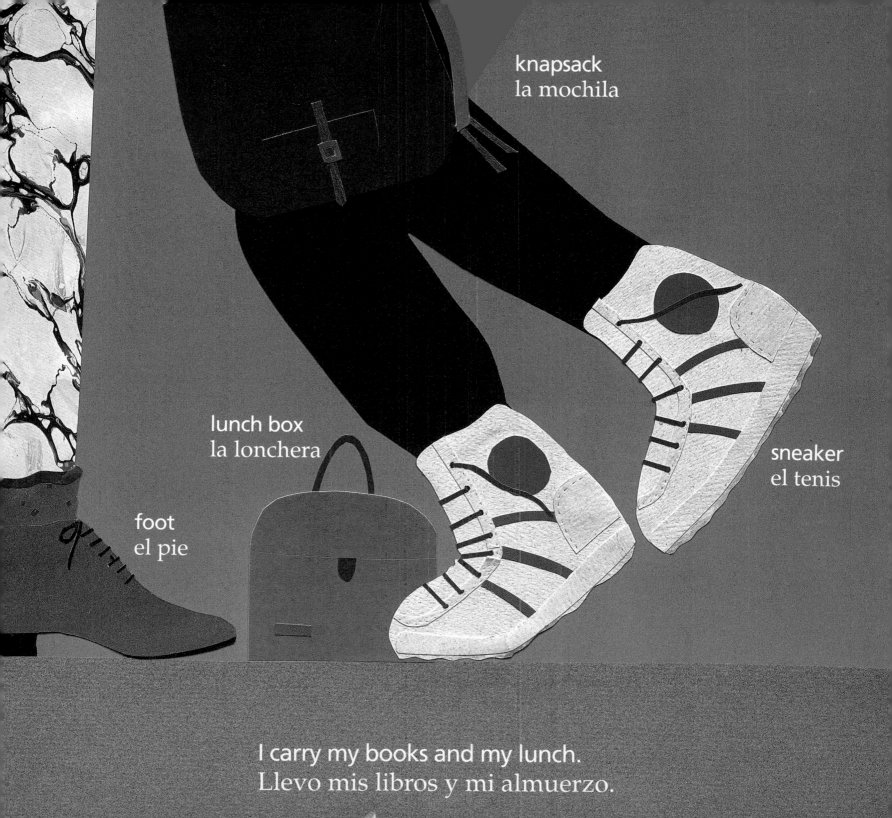

knapsack
la mochila

lunch box
la lonchera

foot
el pie

sneaker
el tenis

I carry my books and my lunch.
Llevo mis libros y mi almuerzo.

chemicals
los químicos

test tube
el tubo de ensayos

stand
la plataforma

burner
el quemador

rack
el estante

counter
el mostrador

At school my first class is science.
En la escuela, mi primera clase es ciencias.

beaker
el vaso picudo para los análisis

fungus
el fungo

body
el cuerpo

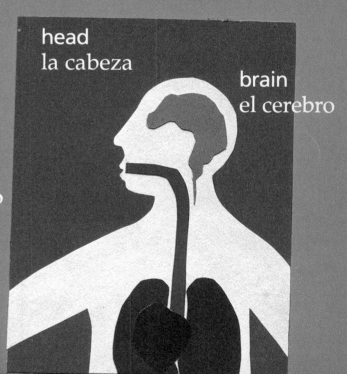

head
la cabeza

brain
el cerebro

heart
el corazón

I like the experiments.
Me gustan los experimentos.

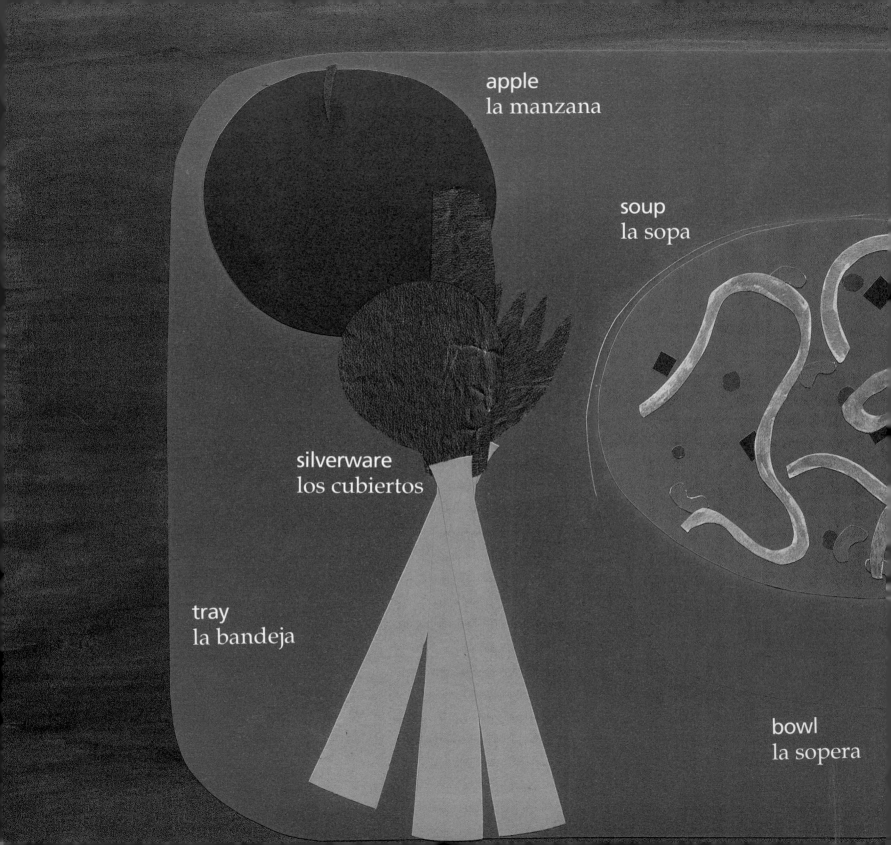

apple
la manzana

soup
la sopa

silverware
los cubiertos

tray
la bandeja

bowl
la sopera

carrots
las zanahorias

straw
el sorbeto

soft drink
el refresco

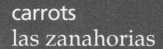

crackers
las galletas

FIZZY JUICE

NO SUGAR ADDED

At noon we go to the cafeteria to have lunch.
Al mediodía, vamos a la cafetería para almorzar.

jungle gym
las barras para escalar

sandbox
la caja de arena

dirt
la tierra

After lunch we have recess.
Después del almuerzo, tenemos un recreo.

hoop
la malla de baloncesto

pole
el poste

seesaw
el sube y baja

basketball
el baloncesto

We all play together.
Todos jugamos juntos.

clips
los sujetapapeles

easel
el cabellete

paint
la pintura

palette
la paleta

paintbrush
la brocha de pintar

In the afternoon, I have art class. This is my favorite class.
En la tarde, tengo clase de arte. Ésta es mi clase favorita.

paintings
las pinturas

markers
los marcadores

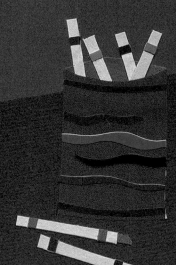

glue
el pegamento

crayons
los colores de cera

tape
la cinta adhesiva

clay
el barro

scissors
las tijeras

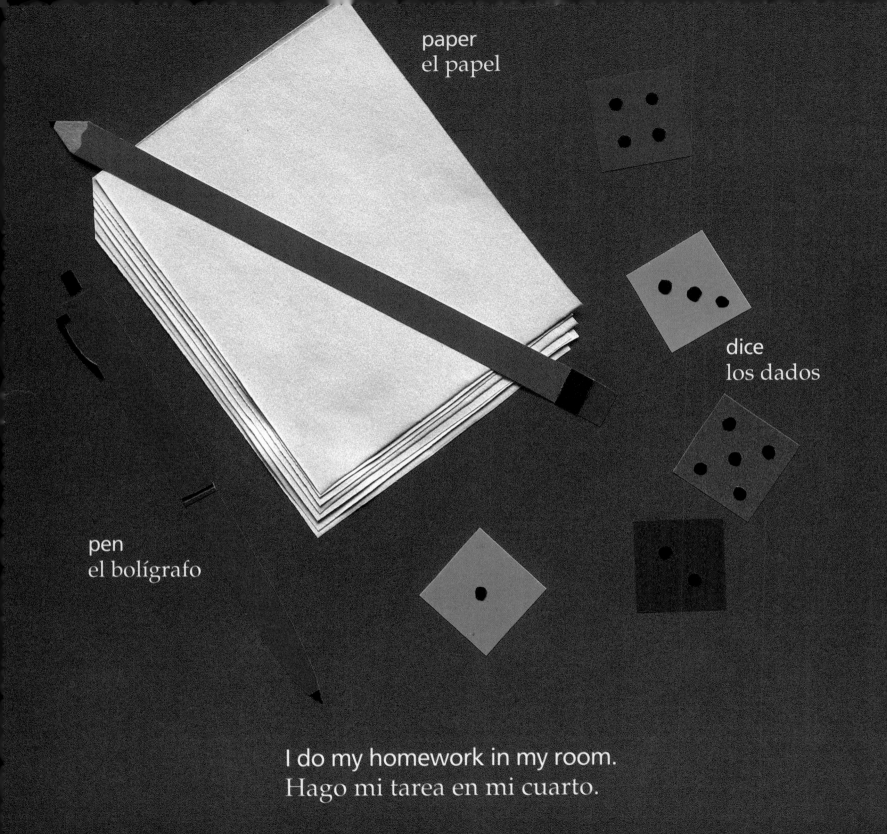

paper
el papel

dice
los dados

pen
el bolígrafo

I do my homework in my room.
Hago mi tarea en mi cuarto.

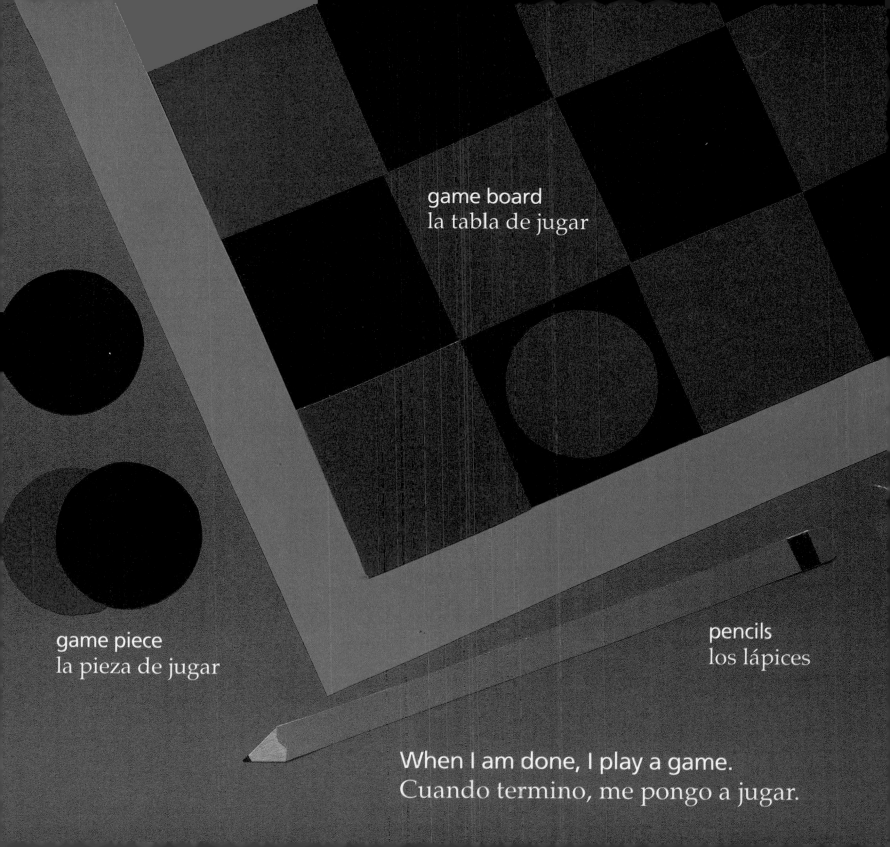

game board
la tabla de jugar

game piece
la pieza de jugar

pencils
los lápices

When I am done, I play a game.
Cuando termino, me pongo a jugar.

Then it is time for dinner. I set the table.
Después es la hora de la cena. Preparo la mesa.

fork
el tenedor

napkin
la servilleta

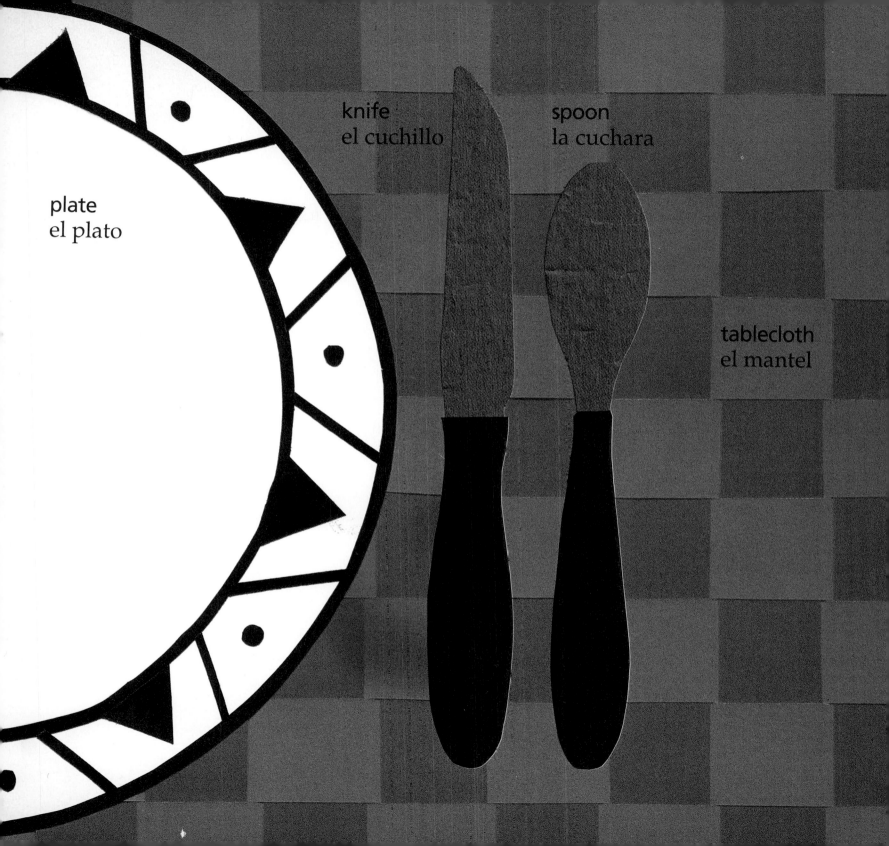

plate
el plato

knife
el cuchillo

spoon
la cuchara

tablecloth
el mantel

After dinner we talk and read a story.
Después de cenar, hablamos y leemos un cuento.

cover
la portada

castle
el castillo

title
el título

TH
FRO

pages
las páginas

And so the queen had to leave
her castle and go deep into the
forest.

type
la letra de texto

crown
la corona

illustrations
las ilustraciones

queen
la reina

moon
la luna

darkness
la oscura

window
la ventana

I take a bath and go to bed. Good night.
Me baño y me acuesto. Buenas noches.

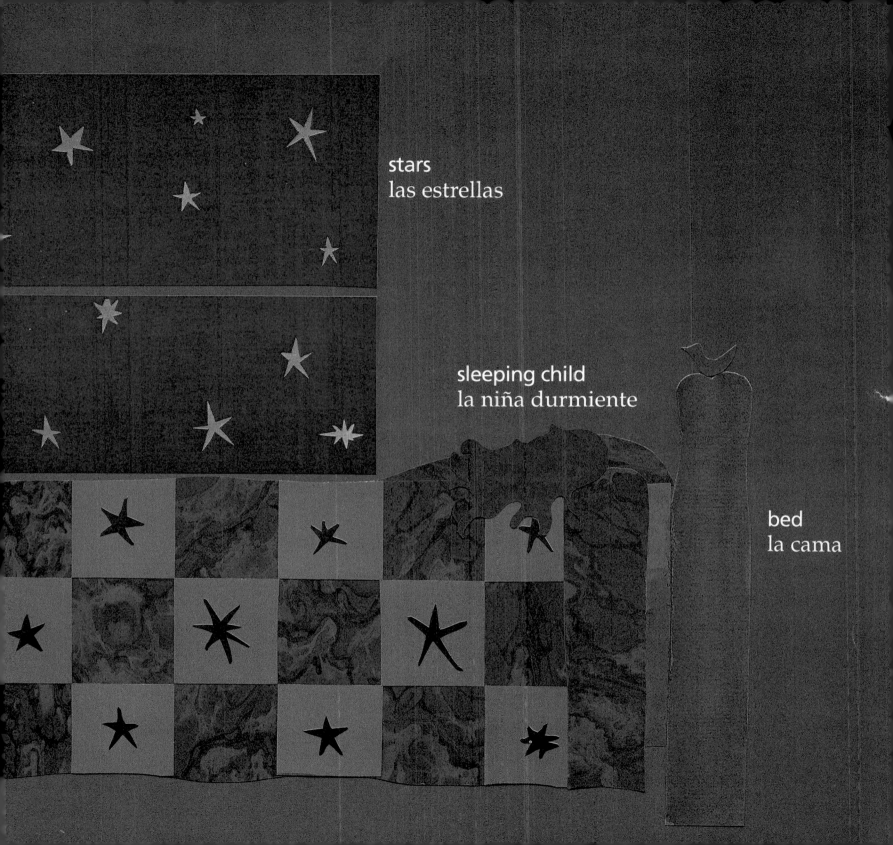

stars
las estrellas

sleeping child
la niña durmiente

bed
la cama